L'architettura narrativa

Scopri come creare storie emozionanti

con colpi di scena intelligenti

Diritto d'autore ®

Una breve introduzione:

Vi siete mai chiesti come vengono create grandi storie?

In che modo scrittori e registi riescono a catturare l'immaginazione del pubblico e a tenerlo impegnato dall'inizio alla fine?

Se sei un aspirante scrittore, un regista o semplicemente qualcuno che ama le belle storie, "The Architecture of Storytelling" è una lettura obbligata.

Scritto da un copywriter che ha ricercato i migliori esperti di storytelling.

Questo libro offre una visione approfondita della creazione di storie.

Attraverso un approccio chiaro e conciso, imparerai la struttura narrativa e come usarla per creare personaggi avvincenti, trame emozionanti e finali soddisfacenti.

Con esempi pratici ed esercizi di scrittura, sarai in grado di applicare ciò che hai imparato alle tue storie.

"The Architecture of Storytelling" è una lettura essenziale per chiunque desideri affinare le proprie capacità di scrittura e raccontare storie straordinarie.

Immagina un edificio imponente, con un'architettura meticolosa e dettagliata...
Ogni colonna, ogni pilastro, ogni arco è stato accuratamente progettato per garantire che la struttura sia solida e imponente.

Ora, immagina che l'edificio non sia solo una costruzione fisica, ma una storia.

Proprio come l'architettura è l'arte e la scienza di progettare e costruire edifici, lo storytelling è l'arte e la scienza di progettare e costruire storie.

Ogni elemento della storia è attentamente pianificato e strutturato per creare un'esperienza narrativa coinvolgente e coinvolgente per il pubblico.

Il fondamento della storia è la sua struttura. Proprio come le fondamenta di un edificio sono le fondamenta che sostengono l'intero peso della struttura, la struttura di una storia è ciò che sostiene l'intera trama.

La struttura è composta da elementi come l'inizio, la parte centrale e la fine, il conflitto centrale, i colpi di scena e il climax.

Oltre a elementi architettonici come colonne e pilastri, la struttura della storia è rafforzata da personaggi e dialoghi ben sviluppati.

I caratteri forti sono come la malta che tiene insieme le pareti dell'edificio, mentre i dialoghi ben scritti sono come i dettagli decorativi che fanno la differenza tra una semplice costruzione e un capolavoro.

E proprio come l'architettura può suscitare emozioni nei visitatori di un edificio, la storia può suscitare emozioni nei suoi lettori o spettatori.

L'attenta scelta delle parole, l'atmosfera creata e il modo in cui i personaggi reagiscono alle situazioni possono influenzare l'umore e le emozioni del pubblico.

Proprio come un'architettura ben progettata è una testimonianza dell'abilità e della visione dell'architetto, una storia ben raccontata è una testimonianza dell'abilità e della visione dello scrittore.

Lo storytelling è l'architettura dell'immaginazione, dove ogni storia è una costruzione unica e immortale in grado di trascendere il tempo e lo spazio e lasciare un segno indelebile nella mente di chi la vive.

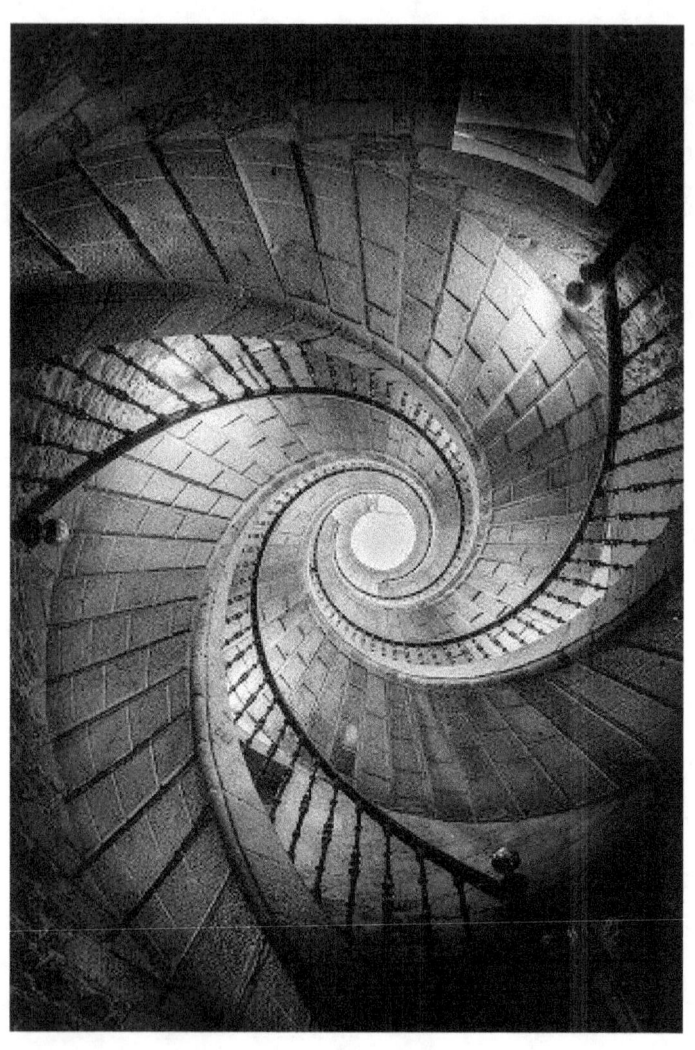

Riepilogo:

- Impara a strutturare le tue storie come un professionista
- Crea personaggi accattivanti che catturano l'attenzione del pubblico
- Sviluppa trame avvincenti che portino il pubblico in un viaggio indimenticabile
- Padroneggia l'arte del twist e coinvolgi il tuo pubblico fino alla fine
- Impara a creare ambientazioni e ambienti che danno vita alla tua storia
- Sviluppa uno stile di scrittura accattivante e coinvolgente
- Scopri come utilizzare simboli e temi per aggiungere profondità alla tua storia
- Il potere della combinazione: come le tre parti del cervello lavorano insieme per avvolgerci in una bella storia.
- Consigli pratici per rivedere e modificare la tua storia per renderla perfetta

- *Crea un finale soddisfacente che lasci il pubblico soddisfatto ed elettrizzato*

Impara a strutturare le tue storie

come un professionista

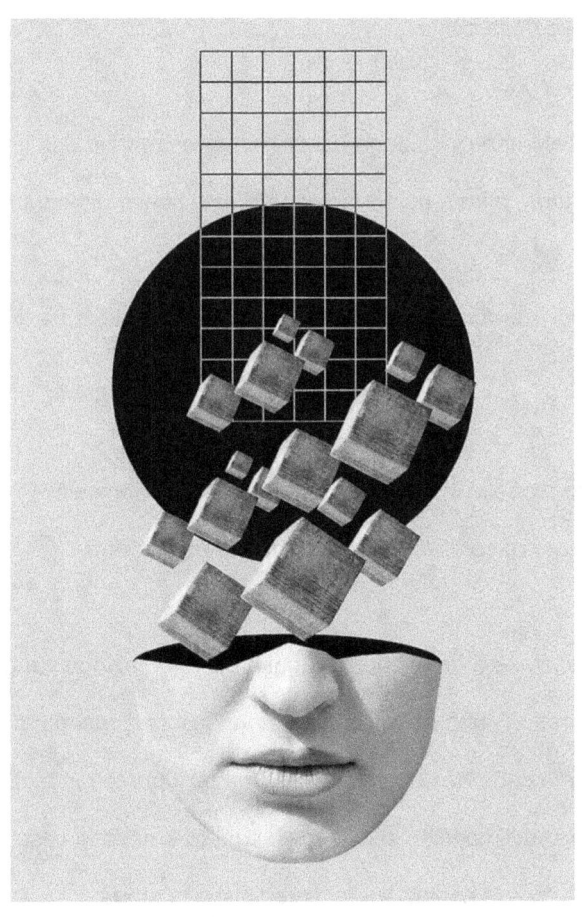

Per strutturare le tue storie come un professionista, è importante avere una chiara comprensione degli elementi di base della narrazione e di come si inseriscono nella struttura generale della storia.

Questi elementi includono l'inizio, la parte centrale e la fine della storia, oltre a personaggi, ambientazioni e dialoghi.

Un modo comune per strutturare una storia è utilizzare il modello "arco narrativo".

Questo modello si compone di cinque parti principali: esposizione, conflitto, climax, caduta e risoluzione.

L'esposizione è dove i personaggi e l'ambientazione vengono presentati al pubblico, il conflitto è dove viene presentato il problema centrale della storia, il climax è il punto più alto della storia in cui il conflitto si risolve, la caduta è dove le cose si sistemano e la risoluzione è dove finisce la storia.

Un'altra tecnica di strutturazione comune è il "metodo dell'eroe", spesso utilizzato nelle storie di avventura o fantasy.

Questo metodo segue il viaggio dell'eroe mentre affronta gli ostacoli e apprende lezioni importanti lungo la strada.

È importante ricordare che una storia ben strutturata deve avere personaggi sviluppati e interessanti che facciano interessare il pubblico ai propri viaggi.

Anche la scelta dell'ambientazione è importante, in quanto deve essere sufficientemente realistica e interessante da coinvolgere il pubblico.

La strutturazione di una storia dovrebbe includere un inizio forte che attiri l'attenzione del pubblico e un finale soddisfacente che porti la storia a una conclusione soddisfacente.

Anche l'editing e la correzione di bozze sono parti importanti della strutturazione, in quanto consentono allo scrittore di perfezionare la storia per renderla ancora più coinvolgente e ben strutturata.

In sintesi, la strutturazione di una storia implica la comprensione degli elementi di base della narrazione, l'utilizzo di tecniche di strutturazione come l'arco narrativo e il metodo dell'eroe, la creazione di personaggi interessanti e ambientazioni coinvolgenti e l'avere un inizio forte e una fine soddisfacente.

Crea personaggi accattivanti che catturano l'attenzione del pubblico

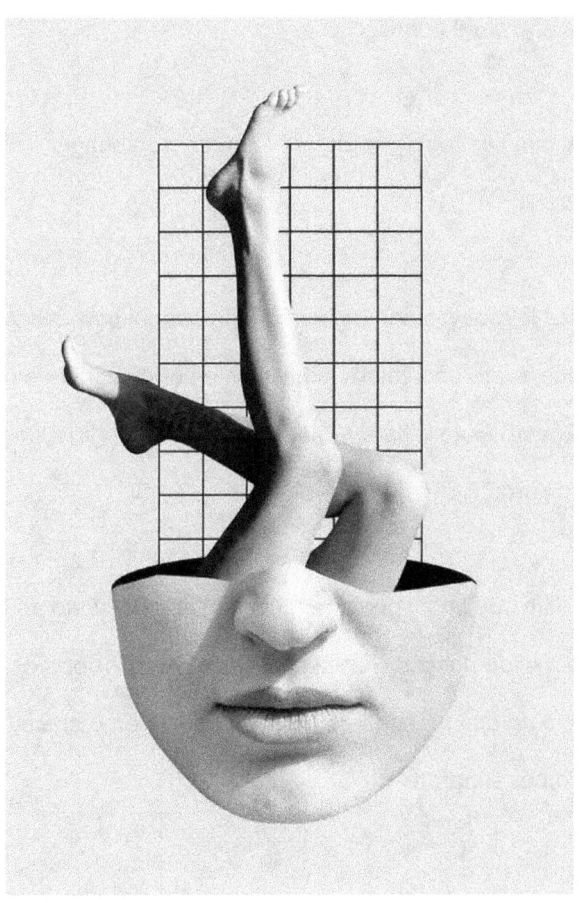

Una tecnica efficace per creare personaggi accattivanti è sviluppare caratteristiche e tratti che li rendano unici e interessanti per il pubblico.

Ecco alcuni passaggi per aiutarti a creare personaggi accattivanti:

Identifica la motivazione del personaggio: ogni personaggio dovrebbe avere una chiara motivazione per ciò che fa e perché lo fa. Questo aiuta a dare profondità al personaggio e uno scopo chiaro.

Dai loro un conflitto: i personaggi interessanti devono affrontare conflitti e sfide nel corso della storia. Questo potrebbe essere in relazione ad altri personaggi o qualcosa di interno che stanno lottando per superare.

Crea un retroscena: il retroscena di un personaggio può aiutare a plasmarne la personalità, le motivazioni e i comportamenti. Assicurati che la storia passata del personaggio sia coerente con la trama della storia.

Dagli dei difetti: i personaggi perfetti e impeccabili possono essere noiosi e irrealistici. Dai ai tuoi personaggi difetti che li rendono umani e li rendono più interessanti per il pubblico.

Crea dialoghi distintivi: i dialoghi del tuo personaggio dovrebbero essere distintivi e riflettere la tua personalità e le tue motivazioni. Assicurati che il dialogo sia realistico e coerente con la storia passata del personaggio.

Dai loro un aspetto straordinario: l'aspetto di un personaggio può essere un modo per distinguerlo dagli altri personaggi. Assicurati che il tuo aspetto sia coerente con la tua personalità e il tuo background.

Quando si creano personaggi accattivanti, è importante ricordare che devono essere coerenti con la storia e la trama della trama. I personaggi devono anche essere unici e interessanti, con tratti che li rendano memorabili e attraenti per il pubblico.

Sviluppa trame avvincenti che portino il pubblico in un

viaggio indimenticabile

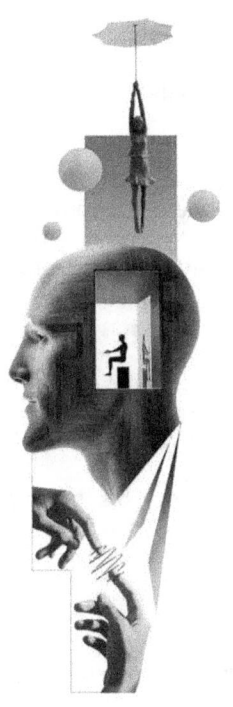

Una tecnica per sviluppare trame emozionanti è creare conflitti significativi che portino i personaggi in un viaggio di trasformazione.

Inizia definendo lo scopo generale della storia e i conflitti che i personaggi dovranno affrontare.

Pensa a cosa vogliono ottenere i personaggi e agli ostacoli che dovranno superare per raggiungere i loro obiettivi.

Quindi aggiungi livelli ai conflitti. I conflitti devono andare più in profondità dei soli problemi di superficie. Dovrebbero essere emotivi e personali, toccando i bisogni ei desideri fondamentali dei personaggi.

Un buon esempio di ciò è il conflitto interno del personaggio. Invece di dover affrontare solo ostacoli esterni, come un cattivo o una catastrofe naturale, il personaggio deve anche lottare con le proprie paure, insicurezze e limiti personali.

Aggiungi colpi di scena inaspettati e sorprendenti.

Ciò mantiene il pubblico coinvolto ed emotivamente coinvolto nella storia. I colpi di scena possono anche aiutare a sviluppare i personaggi sfidando le loro convinzioni e cambiando il loro comportamento.

Ricorda che una storia emotiva dovrebbe portare i personaggi in un viaggio di trasformazione.

Devono uscire dalla storia cambiati e trasformati, avendo imparato lezioni importanti ed essendo cresciuti emotivamente.

Per sviluppare trame entusiasmanti, inizia definendo lo scopo generale della storia e i conflitti che i personaggi dovranno affrontare.

Infine, assicurati che i personaggi attraversino un viaggio di trasformazione, imparando lezioni importanti e crescendo emotivamente.

Padroneggia l'arte del twist e coinvolgi il tuo pubblico fino alla fine

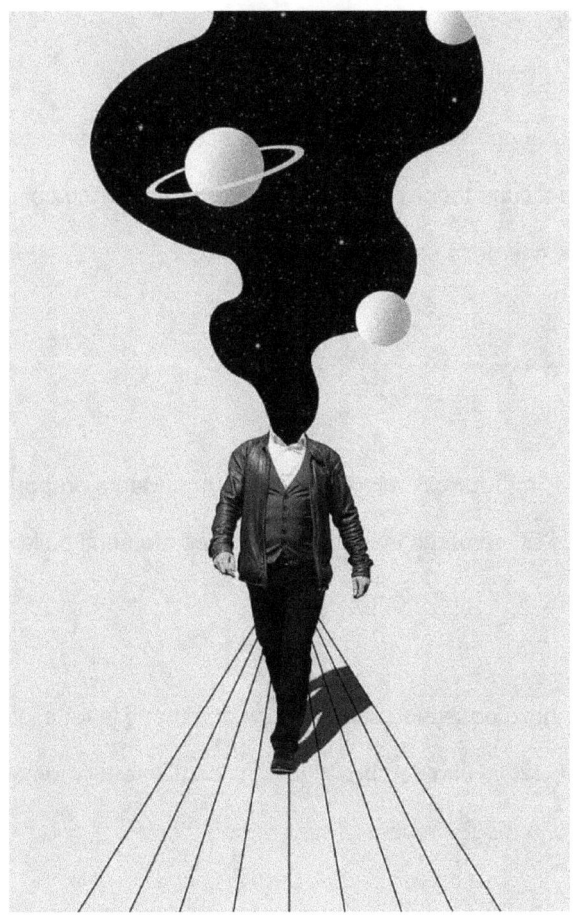

Un colpo di scena è un momento cruciale che può cambiare completamente la direzione della trama e sorprendere il pubblico.

Per padroneggiare l'arte del colpo di scena, è importante seguire alcune tecniche che mantengano il pubblico coinvolto fino alla fine della storia.

La prima tecnica è la preparazione.

Prima di introdurre il colpo di scena, è importante preparare il pubblico al momento includendo indizi ed elementi della storia che portano a quel momento.

Questi indizi possono essere piccoli riferimenti in tutta la storia, o anche azioni che sembrano insignificanti in quel momento ma assumono maggiore importanza in seguito.

La seconda tecnica è la logica interna della storia.

La svolta dovrebbe essere logica all'interno dell'universo della storia e non sembrare una soluzione casuale o conveniente a un problema.

Ciò garantisce che il colpo di scena sia soddisfacente per il pubblico e non lasci domande senza risposta.

La terza tecnica è l'emozione. Il colpo di scena deve essere eccitante e avere un impatto significativo sulla storia e sui personaggi.
Il pubblico deve preoccuparsi di cosa succede dopo il colpo di scena e di come influisce sui personaggi.

Infine, il colpo di scena dovrebbe essere un punto della trama che cambia completamente la direzione della trama. Ciò garantisce che il pubblico sia coinvolto alla fine e ansioso di vedere come si svolge la storia.

Impara a creare ambientazioni e ambienti che danno vita

alla tua storia

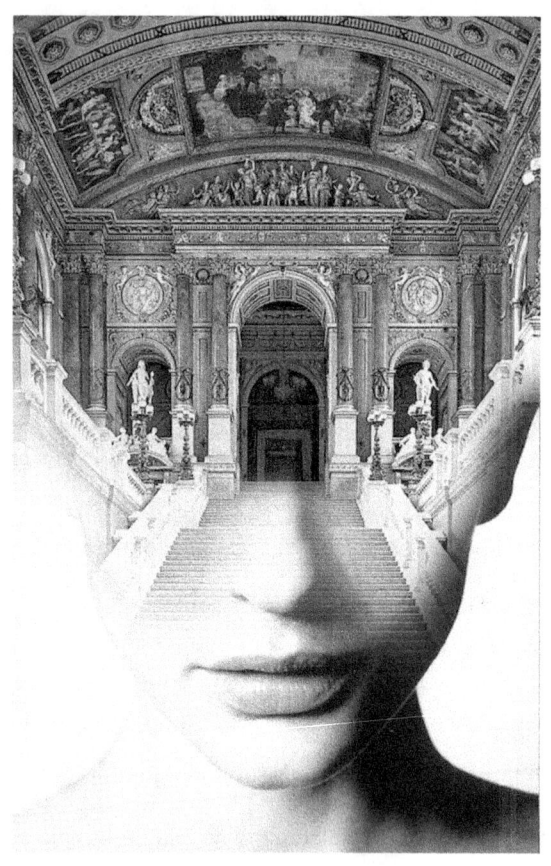

Per creare ambientazioni e ambienti vividi nella tua storia, è importante prestare attenzione ai dettagli e creare un senso autentico e coinvolgente del luogo.

Ecco alcune tecniche per aiutarti a dare vita alle tue impostazioni e ai tuoi ambienti:

Ricerca: fai la tua ricerca sull'ambiente in cui si svolge la tua storia, sia essa storica o contemporanea. Presta attenzione a dettagli come il tempo, la geografia, l'architettura e la cultura locale.

Usa i sensi: includi descrizioni sensoriali per aiutare il lettore a visualizzare e percepire l'ambientazione della storia.

Descrivi gli odori, i suoni, le consistenze e i sapori.

Personifica l'ambiente: assegna caratteristiche umane agli elementi dell'ambiente.

Ad esempio, descrivi gli alberi come "orgogliosi" o il vento come "giocoso". Questo aiuta a dare alla stanza un senso di personalità.

Usa un linguaggio appropriato: usa un linguaggio che rifletta l'ambiente e l'ambiente.

Ad esempio, se la storia si svolge in una città moderna, usa un linguaggio più diretto e contemporaneo. Se la storia si svolge in un contesto storico, usa un linguaggio più formale e formale.

Mostra, non dirlo: piuttosto che descrivere semplicemente l'ambiente, mostralo attraverso le azioni e le reazioni dei personaggi.

Ad esempio, se un personaggio sta camminando in una fitta foresta, fai notare la difficoltà che ha a muoversi tra gli alberi e il rumore dei rami che si spezzano sotto i suoi piedi.

Usa l'ambiente per guidare la storia: usa l'ambiente e l'ambientazione per aiutare a guidare la storia e i personaggi.

Ad esempio, usa il tempo per creare tensione o usa l'architettura per aiutare a rivelare informazioni sui personaggi.

Utilizzando queste tecniche, puoi creare ambientazioni e ambienti autentici e coinvolgenti che ti aiuteranno a rendere viva la tua storia per il lettore.

Sviluppa uno stile di scrittura accattivante e coinvolgente

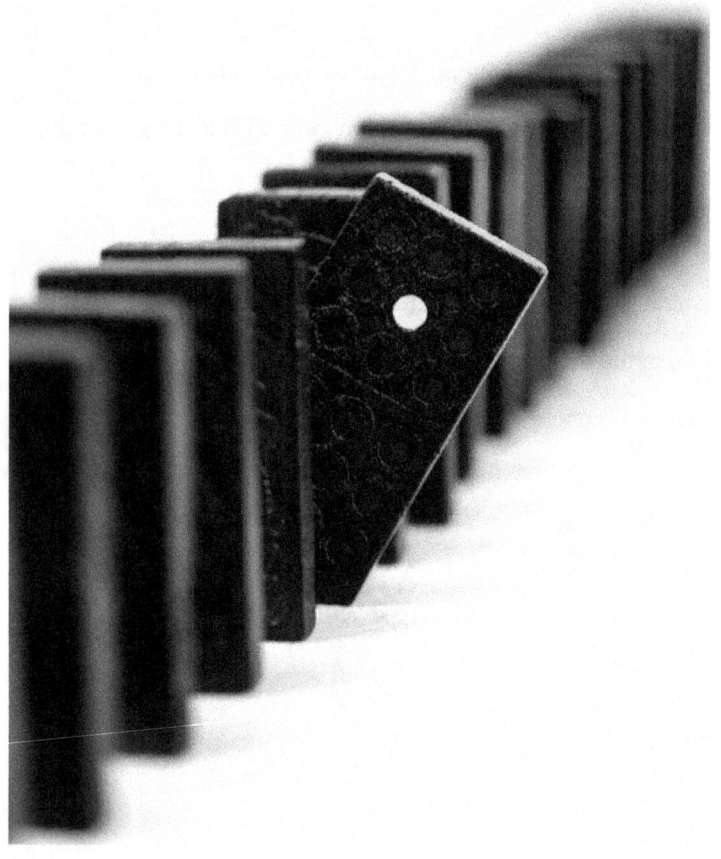

Sviluppare uno stile di scrittura accattivante e coinvolgente può essere un processo impegnativo, ma con la pratica e la dedizione puoi migliorare le tue capacità di scrittura.

Ecco alcune tecniche per aiutarti a sviluppare uno stile di scrittura che affascina e coinvolge i tuoi lettori:

Trova la tua voce: trova la tua voce unica come scrittore. Scrivi con autenticità e mostra la tua personalità attraverso il tuo stile di scrittura.

Usa un linguaggio appropriato: usa un linguaggio che rifletta il tuo pubblico di destinazione. Usa termini appropriati all'argomento affrontato e usa un tono appropriato per il genere letterario che stai scrivendo.

Mantieni la coerenza: mantieni la coerenza nel tuo stile di scrittura, struttura e voce narrativa. Questo aiuta a mantenere il lettore immerso nella storia.

Usa tecniche letterarie: usa tecniche letterarie come metafora, simbolismo e ironia per rendere la scrittura più ricca e coinvolgente.

Rivedi e modifica: rivedi e modifica frequentemente il tuo lavoro. Questo aiuta a perfezionare lo stile di scrittura e migliorare la qualità della storia.

Utilizzando queste tecniche, puoi sviluppare uno stile di scrittura accattivante e coinvolgente che catturerà l'attenzione del tuo pubblico e invoglierà a leggere di più.

I grandi scrittori sviluppano i loro stili di scrittura attraverso una combinazione di fattori come la pratica, la lettura, lo studio e la sperimentazione. Ecco alcuni modi comuni in cui gli scrittori sviluppano il loro stile:

Pratica: la pratica è uno dei principali modi in cui gli scrittori sviluppano il loro stile. Più scrivono, più identificano i loro punti di forza e di debolezza e affinano le loro capacità. Nel tempo, possono sviluppare una voce e uno stile propri.

Lettura: la lettura è un altro modo importante in cui gli scrittori possono sviluppare il proprio stile. Leggendo una varietà di autori e generi, gli scrittori possono studiare diverse tecniche di scrittura e sviluppare una comprensione più profonda delle sfumature della lingua.

Studio: gli scrittori possono studiare specifiche tecniche di scrittura, grammatica e stile per affinare le proprie capacità. Possono anche studiare la storia della letteratura e capire come diversi autori hanno influenzato lo sviluppo della scrittura nel tempo.

Sperimentazione: gli scrittori possono sperimentare diversi stili di scrittura, generi e tecniche per trovare ciò che funziona meglio per loro. Possono anche sperimentare diverse forme di narrazione, come la scrittura in prima persona o in terza persona, e diverse strutture della storia.

Feedback: ricevendo feedback da altri scrittori e lettori, gli scrittori possono identificare le aree in cui devono migliorare e scoprire come il loro stile viene percepito dagli altri.

I grandi scrittori sviluppano il loro stile di scrittura attraverso una combinazione di pratica, lettura, studio, sperimentazione e feedback.

Lo sviluppo dello stile è un processo continuo che può richiedere anni, ma può essere migliorato con dedizione e impegno.

Scopri come utilizzare simboli e temi per aggiungere profondità alla tua storia

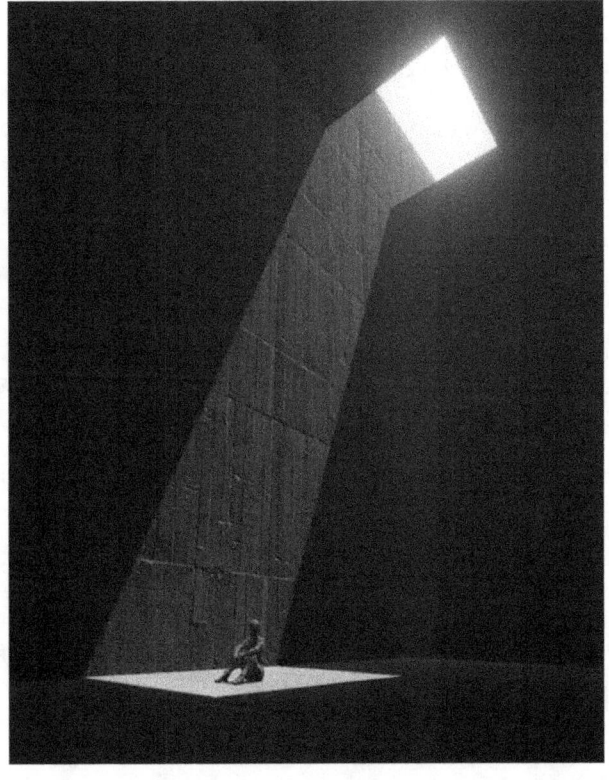

Immagina che la tua storia sia come un dipinto e che i simboli e i temi siano le pennellate che aggiungono profondità e consistenza alla tua opera d'arte.

I simboli sono come i colori che rappresentano idee ed emozioni, mentre i temi sono come motivi che collegano i colori e creano un quadro più ampio.

Per utilizzare questa tecnica, inizia selezionando i simboli che meglio rappresentano il tema principale della tua storia.

Ad esempio, se il tuo tema è l'amore, scegli simboli come cuori, fiori, anelli, ecc.

Quindi usa questi simboli nei momenti chiave della storia per enfatizzare e approfondire il tema.

Ad esempio, usa un cuore spezzato per mostrare il dolore di un personaggio dopo una rottura, o una rosa rossa per simboleggiare la passione ardente tra due amanti.

Inoltre, usa temi che collegano i simboli e la storia generale.

Ad esempio, se il tema della storia riguarda la redenzione, usa uno schema di trasformazione per mostrare come un personaggio si evolve e trova la redenzione.

Sviluppa sottotrame: le sottotrame sono storie secondarie che si riferiscono alla trama principale. Possono essere utilizzati per esplorare temi secondari che completano il tema principale.

Utilizzando simboli e temi nella tua storia, crei un ulteriore livello di significato e profondità che può rendere il tuo lavoro ancora più coinvolgente ed emozionante.

Ricorda di essere creativo e usa la tua immaginazione per trovare i simboli e i temi che meglio rappresentano la tua storia!

Il potere della combinazione: come le tre parti del cervello lavorano insieme per avvolgerci in una bella storia.

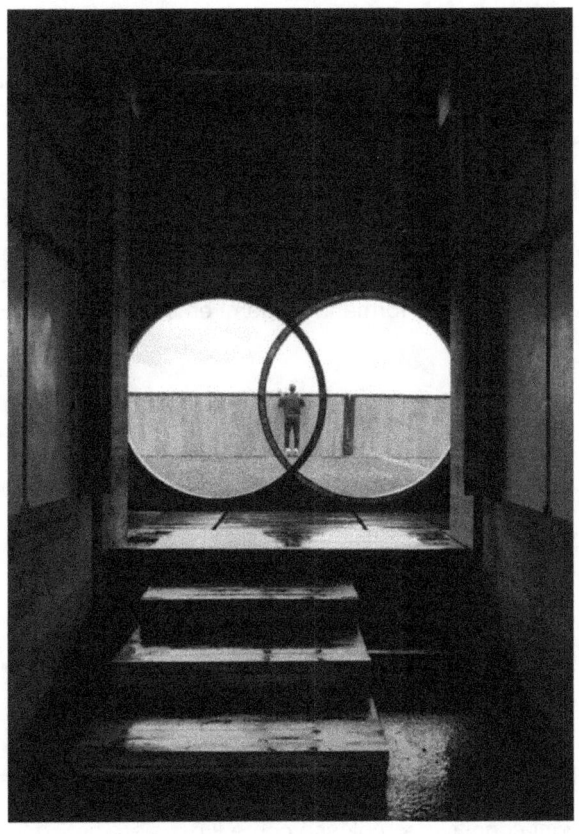

Ci sono tre parti del cervello utilizzate per la narrazione, che sono:

Corteccia prefrontale: è responsabile del pensiero critico e del processo decisionale. È qui che si formano le idee principali e dove si decide il corso della storia.

Sistema limbico: è responsabile delle emozioni e della memoria emotiva. È qui che si formano i legami emotivi tra il pubblico e la storia.

Corteccia sensoriale: è responsabile dei sensi come la vista, l'udito, il tatto, il gusto e l'olfatto. È qui che le immagini ei suoni della storia vengono elaborati e creano un'esperienza sensoriale per il pubblico.

La corteccia prefrontale è la regione del cervello responsabile di funzioni cognitive complesse come il pensiero critico, il processo decisionale e la pianificazione. Quando siamo esposti alle storie, questa regione del cervello viene intensamente attivata, poiché è responsabile dell'interpretazione dei significati e dei messaggi dietro la narrazione.

Attivando la corteccia prefrontale, le storie sono in grado di evocare emozioni, creare empatia e trasmettere idee in modo molto più efficace rispetto alla semplice esposizione a fatti e informazioni. Inoltre, questa regione del cervello è fondamentale per l'apprendimento, il che spiega perché le storie sono così efficaci nell'insegnare concetti e valori.

La ricerca mostra che l'attivazione della corteccia prefrontale durante l'esposizione della storia è così intensa che le persone sono in grado di sentire fisicamente le emozioni dei personaggi e vivere la trama come se vi partecipassero. Ciò rende l'esperienza di leggere un libro o guardare un film molto più coinvolgente e memorabile rispetto alla semplice esposizione a informazioni e fatti isolati.

Il sistema limbico è attivato dall'elaborazione emotiva ed è responsabile della regolazione delle emozioni, della motivazione, della memoria e dell'apprendimento.

Quando viene raccontata una storia, vengono attivate diverse aree del sistema limbico, come l'ippocampo, che è responsabile della formazione dei ricordi, l'amigdala, che è correlata all'elaborazione emotiva e alla regolazione della paura, e il nucleus accumbens, che è legato alla ricompensa e piacere.

Queste aree del sistema limbico vengono attivate in risposta a elementi emotivi della storia, come conflitti, colpi di scena e personaggi accattivanti. Ciò può portare a una risposta emotiva da parte del pubblico e a una maggiore connessione con la storia e i suoi personaggi.

Infine, la corteccia sensoriale è attivata dall'immaginazione, motivo per cui le storie hanno un tale impatto su di essa.

Quando ascoltiamo una storia, il nostro cervello inizia a creare immagini mentali in risposta alle parole e alle descrizioni che stiamo ascoltando. Ad esempio, se una storia descrive una scena in un giardino fiorito, la corteccia sensoriale inizia a creare immagini dei fiori e del profumo che potremmo annusare in quell'ambiente. Questo è noto come immaginazione guidata.

Uno studio della Emory University ha rilevato che l'attivazione della corteccia sensoriale durante la narrazione è simile all'attivazione che si verifica quando una persona sperimenta effettivamente un'esperienza sensoriale.

Ciò significa che quando leggiamo o ascoltiamo una storia, il nostro cervello non solo crea immagini mentali, ma attiva anche gli stessi circuiti neurali che si attiverebbero se stessimo effettivamente vivendo le sensazioni descritte nella storia.

Ma perché è importante?

Perché l'attivazione della corteccia sensoriale ci rende più coinvolti nella storia e ci aiuta a connetterci emotivamente con i personaggi e gli eventi della narrazione. Quando proviamo le stesse emozioni e sensazioni che provano i personaggi, la nostra empatia e identificazione con loro aumenta, il che ci fa desiderare di continuare a leggere per scoprire cosa succede dopo.

Esempio:

Supponiamo che tu stia leggendo un thriller. L'autore descrive una scena in cui il protagonista è inseguito da un assassino. La descrizione è così vivida e dettagliata che inizi a sentire il tuo stesso respiro accelerare e il tuo cuore battere più forte, come se anche tu fossi inseguito. Sei così preso dalla storia che non puoi smettere di leggere finché non scopri se il personaggio principale riesce a sfuggire all'assassino.

In sintesi, l'attivazione della corteccia sensoriale da parte delle storie è un fenomeno interessante e importante da comprendere per scrittori e narratori. Se utilizzate correttamente, le immagini guidate possono portare il lettore attraverso un'esperienza sensoriale completa, rendendo la storia più coinvolgente ed emozionante.

Consigli pratici per rivedere e modificare la tua storia per renderla perfetta

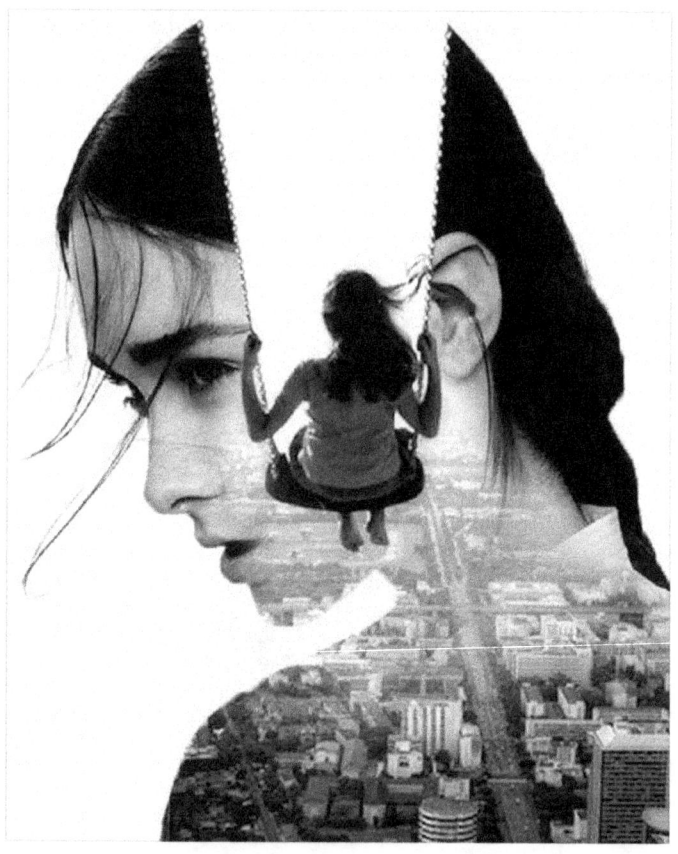

Revisionare e modificare la tua storia è una parte cruciale del processo di scrittura. Ecco alcuni consigli pratici per aiutarti a perfezionare il tuo lavoro:

Concediti un po' di tempo prima di rivedere: dopo aver finito di redigere la tua storia, prenditi un po' di tempo prima di iniziare a rivedere.

Questo ti aiuterà a vedere la storia con occhi più freschi e a identificare le aree che necessitano di miglioramenti.

Leggi ad alta voce: leggere la tua storia ad alta voce ti aiuta a individuare fluidità ed errori grammaticali che possono essere trascurati durante la lettura silenziosa.

Inoltre, aiuta a valutare il ritmo della storia e a rilevare le parti che possono essere riviste.

Fai una revisione generale: fai una prima revisione generale per identificare e correggere errori di grammatica, ortografia e punteggiatura.

Assicurati che la storia abbia un senso e che le informazioni siano chiare.

Controlla la struttura della storia: assicurati che la storia abbia una struttura chiara e coerente.

Assicurati che le scene si colleghino bene e che la progressione della storia sia logica.

Analizzare lo sviluppo del personaggio:avviso se i personaggi sono ben sviluppati e se le loro azioni e discorsi sono coerenti con la loro personalità.

Elimina le informazioni non necessarie: informazioni o scene non necessarie potrebbero trascinare la storia o non aggiungere nulla di nuovo.

Chiedi opinioni: chiedi agli altri le loro opinioni sulla tua storia, questo può aiutare a identificare le aree che necessitano di più lavoro o che necessitano di chiarimenti.

Leggi di nuovo: dopo aver rivisto e modificato la storia, rileggila per assicurarti che tutto sia come dovrebbe essere.

Ricorda che la correzione di bozze e l'editing sono processi importanti per migliorare la tua storia. Non aver paura di fare molte revisioni e chiedere aiuto quando necessario.

Con questi consigli pratici, puoi trasformare la tua storia in un capolavoro.

Crea un finale soddisfacente che lasci il pubblico soddisfatto ed elettrizzato

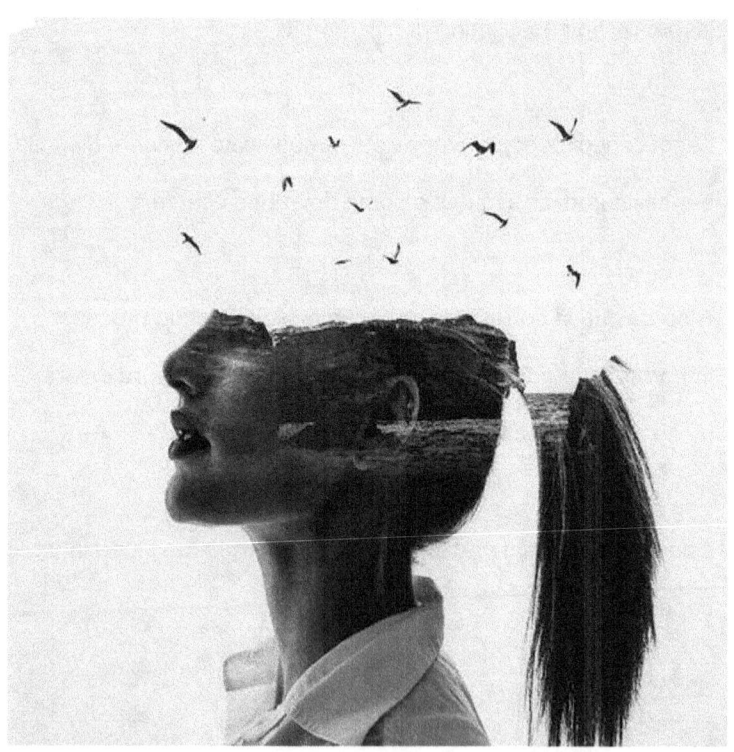

Per creare un finale soddisfacente per una storia, è importante tenere a mente le aspettative del pubblico e il messaggio che vuoi trasmettere. È fondamentale che tutti i problemi principali vengano risolti e che le sottotrame abbiano un risultato coerente.

Una tecnica comune consiste nell'utilizzare la "risoluzione emotiva" per dare al pubblico un senso di chiusura emotiva, risolvendo i conflitti interni dei personaggi e trasmettendo il messaggio finale. Un'altra tecnica è il "colpo di scena finale", che è un sorprendente colpo di scena che risolve la trama in modo unico e inaspettato.

Inoltre, è importante scegliere il tono giusto per il finale della storia. Se la trama è drammatica, puoi optare per un finale emotivo e riflessivo. Se si tratta di una storia d'avventura, un finale emozionante e soddisfacente potrebbe essere più

appropriato.

Infine, è fondamentale che la fine della storia rispecchi il

viaggio dei personaggi e il messaggio che si vuole trasmettere.

Il pubblico dovrebbe lasciare la storia con un senso di

soddisfazione e un senso di soddisfacente conclusione.

Conclusione:

In tutti i capitoli di "*L'architettura narrativa*", apprendiamo tecniche e strategie per creare storie coinvolgenti ed emozionanti.

Partendo dall'importanza di comprendere l'anatomia della storia e la struttura di base che la sostiene, attraverso la creazione di personaggi accattivanti e trame intriganti, e arrivando all'arte di creare colpi di scena sorprendenti e finali soddisfacenti.

Abbiamo anche imparato come sviluppare uno stile di scrittura coinvolgente e come utilizzare simboli e temi per aggiungere profondità e significato alla storia. E per assicurarci che la nostra storia sia la migliore possibile, abbiamo imparato consigli pratici per correggere le bozze e modificare il nostro lavoro.

Alla fine, è chiaro che creare una storia indimenticabile non significa solo raccontare una storia, ma anche comprendere il viaggio che vogliamo intraprendere con il nostro pubblico. Si tratta di creare personaggi che sembrino reali, trame stimolanti e coinvolgenti e finali che soddisfino le nostre aspettative emotive. Applicando le tecniche e le strategie presentate in questo libro, possiamo diventare narratori migliori e più efficaci e accompagnare i nostri lettori in un viaggio indimenticabile.